Juan José Velasco Sánchez-Mayoral

ILUSIONES

© Juan José Velasco Sánchez-Mayoral - *Ilusiones*
© Editorial La Rueca
www.editoriallarueca.com

Primera edición: junio 2025

ISBN: 979-13-87525-38-5
Depósito Legal: M-14945-2025

Impreso en Madrid - España - UNIÓN EUROPEA

*Para mis nietos: Roberto, Silvia, Daniel,
Ana y Marina.
También para mi bisnieta María.
Un beso muy grande para todos.*

Primera parte

Es una residencia para personas mayores de ambos sexos ubicada en Alicante; abierta hace muy poco tiempo, no está completamente llena.

Entre los residentes, se encuentra don Gregorio González, (a partir de ahora don Gregorio, unas veces le pondremos el "don" delante de su nombre y otras no, según el momento del relato), a quien se le conoce por su fama de madrugar mucho. Su costumbre es asearse bien y a continuación salir a la calle a darse el paseo correspondiente que, según dice, le anima para todo el día.

Jubilado de la Marina Mercante, vive en esta residencia, al haber fallecido su esposa hace algún tiempo y aunque tiene una hija en esta ciudad, prefiere vivir más independiente.

Tiene varios caminos en su mente y hoy escoge uno cualquiera. Anda muy despacio y solo él sabe lo que su mente está pensando en cada momento. Como la mañana del mes de mayo está fresquita, le apetece tomar un café en el primer bar que encuentre. Así lo hace y cuando está tomando el primer sorbo, ve, al otro extremo de la barra a una señora, aproximadamente de su misma edad, con un café que mira fijamente a don Gregorio. Éste no le da ningún valor y al ver a su lado un ejemplar de prensa, con un titular en su primera página muy llamativo, lo coge para informarse mejor. Al mismo tiempo, vuelve a mirar a la señora que tiene al otro extremo de la barra, viendo que sigue mirándole con fijeza. También él la mira descubriendo como, en ese momento, la señora se dirige hacia él.

—Creo que nos conocemos, –le dice, con una leve sonrisa en su rostro.

Don Gregorio no quiso contestar, sino que, haciendo una mueca negativa y moviendo la cabeza de un lado para otro, dijo:

—Me parece que se equivoca usted, yo no la recuerdo de nada.

La señora se quedó cortada y dando media vuelta se alejó mascullando algunas palabras que don

Gregorio no entendió, aunque sí le pareció oír la palabra Málaga.

Sin darle demasiada importancia a lo sucedido, don Gregorio salió del establecimiento y siguió el camino que tuviese previsto hacer esa mañana y ese día había pensado ir hasta un banco de hierro que está anclado en el paseo marítimo de la ciudad, desde el cual se divisa la magnitud del Mar Mediterráneo y que a él le sirve para evocar muchas anécdotas de su vida profesional.

Hay algo que le está rondando en su cabeza desde que ha salido del bar donde ha tomado el café. Parece que la señora que se dirigió a él, al marcharse dijo algo refiriéndose a Málaga y eso le dejó pensativo, dando lugar a que, de pronto, surgiera en su mente una etapa, vivida ya hacía muchos años, en la que la vida le sonreía. Fue entonces cuando, siendo un mozalbete, logró superar un examen para formar parte de la plantilla de la Administración del Estado.

—Mi padre, como militar que era, (pensaba don Gregorio) había sido destinado a Málaga y yo aprobé un examen para entrar, con una categoría muy baja, en la Administración. Recordaba cómo, en aquellos años, tenía una buena cantidad amigos y amigas, con los que siempre estaba dispuesto a ir a la playa a jugar al fútbol u otra cosa cualquiera que se pareciera, habiendo una amistad plena entre ambos sexos.

Este pensamiento le llevó a pensar en serio si sería casual que alguna de aquellas amigas de entonces fuese la señora que, en el bar le había hecho mención a Málaga y este pensamiento le llevó a tratar de recordar el nombre de todas, sin conseguirlo.

Consideró que había pasado tanto tiempo que sería imposible rememorar a todas.

Aquel día era para él uno de esos en los que, a la imaginación, le da por recordar tiempos pasados y aquel era uno de esos.

Su mente le llevó de nuevo a su primera etapa prestando su quehacer en la Administración, en donde no se sentía muy a gusto y enterado de la oportunidad de ingresar en la marina mercante, no lo dudó mucho y allí recaló.

Nueva vida, nuevo ambiente y nuevos compañeros. Esto fue lo que nuestro protagonista se encontró cuando hizo su presentación en su nuevo puesto de trabajo. Allí, recuerda cómo, al encontrarse en un sitio nuevo y desconocido, pasó algunos días dudando entre haber hecho bien en cambiarse de trabajo, no obstante, fue poco tiempo el que le duró su intriga pues enseguida comenzó a hacer amistades y pronto recobró la tranquilidad.

A pesar de que, en un principio fue destinado a puestos de poca importancia, no tardó en ir escalando puestos de mayor altura, llevando consigo, además de cumplir diversas etapas y recorrer medio mundo.

A pesar de tener que pasar largos meses lejos de Málaga, en esta ciudad había alguien que siempre estaba esperando el regreso del barco en el que viajaba Gregorio. Era Lucía, una malagueña muy guapa que, desde hacía bastante tiempo mantenía una relación muy querida con Gregorio. Siendo muy pequeños, un día se conocieron en la playa de La Malagueta, cuando coincidieron dos colegios y, desde ese día, se veían siempre en ese mismo sitio.

Lucía, de su misma edad, era una malagueña muy guapa, hija del dueño de una pequeña tienda de prendas de mujer, de la que ella era quien atendía a la clientela y de lo que, por cierto, ella se sentía muy feliz siguiendo la tradición familiar (la tienda la inauguró su abuelo y ella presume de ser la tercera generación que sigue conservando el viejo negocio). Sin embargo, está deseando que llegue el momento de irse a vivir con Gregorio, aunque sabe que, para eso, aún le falta mucho tiempo, ya que eso lo harán cuando él consiga su próximo ascenso en la empresa.

Seguramente, Lucía está pensando en estos momentos, y más aun viendo en su cara una sonrisa cariñosa, su pensamiento le lleva a momentos felices, gozando de sus recuerdos…

Siguiendo con los recuerdos, Gregorio, sigue dándole vueltas a lo que acaba de ocurrir en el bar con la señora que le ha hecho recordar aquellos tiempos de Málaga y va caminando lentamente hacia su residencia. En su cara se nota que algo le preocupa. Su rostro es serio y su paso vacilante. De pronto se para y como si hubiera visto en ese instante la solución a algo que le fuese preocupante, se pone en marcha con paso decidido hacia la residencia, de donde ha salido hace ya casi dos horas.

Es la hora de salir muchos residentes a dar un paseo o a cualquier otra cosa, por lo que, cuando don Gregorio llega, son pocas las personas que permanecen allí, sin embargo, su mejor amigo y compañero aún no ha salido y a los dos les apetece tomar un café y charlar un poco de los temas de actualidad, no obstante, y como casi siempre, terminan hablando de temas familiares. En esta ocasión, es Gregorio quien tiene la noticia más reciente al contarle a su amigo Juan, que esta mañana no pensaba salir a la calle, lo que le ha ocurrido esa misma mañana en el bar, acercándosele una señora diciéndole que le conocía de

Málaga. surge alguna broma, mas, Gregorio afirma que podría ser de su etapa juvenil cuando, en la playa, jugaban al futbol chicos y chicas juntos, porque, después, siempre iba con la que luego fue su mujer.

Al citar a su mujer (Lucía), surge un nuevo tema de conversación, al pronunciar Gregorio alguna frase cariñosa hacia su esposa, dando lugar a que Juan le haga alguna pregunta sobre su matrimonio. Éste, es un tema del que, a Gregorio no le gusta hablar, pues le produce tristeza. No obstante, la conversación sigue por ese camino y es el mismo Gregorio quien incide con ese tema.

—Lucía y yo, estábamos muy enamorados y queríamos casarnos. Yo ascendí antes de lo que pensaba y era el momento de hacerlo. Mi ascenso llevó consigo el que tuviese que cambiar mi residencia y nos obligó a retrasar algún tiempo nuestro enlace que, después que lográramos una vivienda adecuada aquí, hicimos el traslado, aunque la boda se celebró en Málaga–. Yo, ya conocía esta ciudad, por haber hecho escala aquí en varias ocasiones, no así Lucía, que no había venido nunca eso le produjo que, al principio estuviese un poco aturdida, aunque, enseguida se adaptó a esta tierra.

¿Y de aquí nunca te moviste? –Preguntó Juan.

—No, nunca.

Siguieron hablando de cosas sin importancia hasta que fue llegando la hora del almuerzo y cada uno se marchó a su habitación.

Gregorio se siente a gusto y es que, después de haberse pasado toda su vida recorriendo el mundo entero, ahora bien tiene merecido gozar de una vejez tranquila, pues a eso contribuye el saber que sus hijos están bien situados. No obstante, él, con sus setenta y tres años, goza de muy buena salud.

No obstante, hay algo que, desde aquella mañana en la que, tomando un café en un bar y después de observar como una señora, le miraba con insistencia, se le acercó para decirle que le conocía de Málaga, mas, al decirle él que no, se marchó diciendo algo que don Gregorio no entendió, pero que, al haber entendido la palabra Málaga, le vino a su memoria los años en los que vivió allí. Desde aquel momento siente una gran incógnita, que le lleva a visitar ese bar muchos días, a esa misma hora, por si, algún día, se produce un nuevo encuentro.

Volviendo a su pasada vida familiar y a sus primeros años de matrimonio con Lucía, solo se puede decir que los vivieron felizmente, a pesar del mucho tiempo que, obligado por su profesión, pasaba lejos de su familia. En esos primeros años, Lucía trajo al mundo a sus tres hijos, obligándose el matrimonio a centrar todos sus esfuerzos en darles la mejor educación posible, habiendo conseguido que, actualmente, los tres gocen de una cómoda posición, aunque solamente Margarita viva en Alicante, pues, Manuel, siguiendo la vocación de su padre, ocupa un alto cargo en la marina mercante en Barcelona y Julio, después de terminar su carrera de ingeniero industrial trabaja en una industria de fabricación de aparatos electrónicos ubicada en Bilbao. De esta situación familiar se deduce que quien más visita a su padre es Margarita que, por cierto, no está muy conforme con la estancia de su padre en la residencia, aunque éste, cuando su hija le anima para que se vaya a vivir con ella, él siempre se niega y dice que está mejor allí, sin dar guerra a nadie.

El que don Gregorio viva en la residencia obedece a que hace unos tres años que falleció Lucía, su esposa, y desde el primer momento, dijo que era allí donde quería estar. Le costó mucho adaptarse a esa nueva vida, ya que fue algo inesperado, pero, ahora que ya lo ha conseguido, está allí muy tranquilo.

No obstante, sigue teniendo en su mente, lo que le ocurrió aquella mañana, en el bar, cuando tomaba un café. Le sigue intrigando quien sería aquella señora que, muy convencida, le dijo que le conocía. Desde entonces y haciendo caso a su curiosidad, vi-

15

sita ese sitio por si algún día se repite el encuentro, porque, si así fuese, por todos los medios trataría de saber quién era y de qué le conocía. Y lo que parecía que nunca iba a suceder, sucedió.

Fue una mañana que, como todas las que visitaba aquel lugar, repasaba los titulares de un diario que siempre estaba a su alcance. Debía de ser muy importante lo que leía en ese momento porque no se estaba dando cuenta de que, enfrente de él, había alguien que le observaba en silencio.

—Buenos días, Gregorio –dijo una voz de mujer, muy agradablemente y con una leve sonrisa en su rostro.

Como un autómata levantó la cabeza de lo que estaba leyendo y sin pestañear, se quedó mirando fijamente a la persona que tenía delante sin saber qué responder al saludo que le habían hecho.

¿Ya no me recuerdas? A esta pregunta, Gregorio no contestó, sino que se quedó mirando fijamente a la persona que tenía delante y como si en su espalda hubiese tenido alguien que le dijese el nombre de la persona que era, enseguida respondió convencido:

¡Amelia!

Impulsados por una fuerza oculta, los dos se fundieron en un abrazo muy cariñoso y a continuación, se unieron en una charla en la que recordaron con mucha alegría cosas de aquellos años, como anécdotas surgidas de aquella etapa de sus vidas en la que los acompañaba la juvenil felicidad.

Como a los dos les invadía la alegría de haberse vuelto a ver, no tuvieron prisa en despedirse y les dio tiempo a hablar de cosas pasadas.

Amelia le puso al corriente de como se había desarrollado su vida, haciéndole saber que, después de haber tenido una relación muy bonita con un chico malagueño, se casó y al poco tiempo de tener una hija, éste falleció después de una rápida enfermedad. Sin haber vuelto a tener ninguna otra relación, ahora vive en Alicante con su hija, casada y con una pareja de nietos que son su alegría.

Por su parte, Gregorio, también le refirió, con algunos detalles más, como había sido su vida hasta ese día. Aparte del relato de cada uno, los dos fueron contando cuanto sabían del resto de aquella pandilla de amigos que tan bien lo pasaban en la playa de Málaga. Finalmente, estuvieron de acuerdo en volver a verse alguna vez más por allí, sin concretar nada en especial.

Ha pasado algún tiempo y la vida de don Gregorio transcurre sin ninguna novedad. Sigue con su costumbre madrugadora y su paseo hasta divisar las aguas mediterráneas y sentarse en ese banco que ya le debe conocer al llegar la hora en que don Gregorio pone a cavilar su mente y precisamente es uno de esos días que, sin saber por qué tiene la moral muy decaída y está recordando un viaje que hicieron a París, aun siendo muy jóvenes y recién casados, en el que visitaron los monumentos más importantes de la capital francesa, todo ello después de gozar plenamente de su luna de miel. Con una mezcla de melancolía y tristeza, don Gregorio regresó a su residencia. Allí y como la mayoría de los días, encontró a su amigo Juan que, sin embargo, ahora hacía varios días que no coincidían en la cafetería. Éste, después de saludarse, le preguntó cómo estaba, dado que su cara le decía que tenía alguna preocupación, no obstante, don Gregorio, con una sonrisa burlona, le contestó:

Es que, en estos momentos, estoy recordando algo que me hace sonreír.

—¿Y no se puede saber qué es?, inquirió Juan. Al oír Gregorio la pregunta, sonrió y continuó hablando: Hoy he amanecido algo melancólico sin saber por qué. Como todos los días, he caminado hasta la playa, allí, como casi siempre, mi cabeza se ha puesto a cavilar y enlazando unas cosas con otras, cuando me he dado cuenta, estaba en París, en mi viaje de luna de miel y cuando llegamos al hotel donde íbamos a residir durante unos días, nos preguntaron si queríamos habitación con una o dos camas. Figúrate qué pregunta, si acabábamos de casarnos, ¿qué íbamos a querer? Los dos rieron abiertamente.

A esta anécdota de Gregorio, le siguió alguna más por parte de los dos, especialmente las recordadas por Juan, que resultó ser un experto en temas verderones.

La amistad educada que existía entre Gregorio y Juan, fue creciendo y al cabo de algún tiempo, se podía decir que eran dos buenos amigos. Muchos días, el paseo mañanero que, diariamente, realiza don Gregorio, lo hace acompañado de Juan, profundizando cada uno en sus vivencias personales, por lo que ya sabemos que Juan ha pasado toda su vida como un buen experto en la mecánica en automóviles de todas clases y marcas. Los dos coinciden en ser viudos y esa faceta les une más, aparte de ser parejos en la edad. Juan tiene dos hijos (Ángel y Miguel) que, hoy, son dueños de un taller mecánico y son concesionarios de una marca muy famosa de automóviles.

Con las circunstancias que rodean a Gregorio y Juan, éstos se ven libres de problemas con respecto a sus hijos y les da libertad para hacer sus vidas bastante cómodas, no obstante, cumplen a rajatabla las normas de la residencia.

Con la amistad que ha surgido entre ellos, ambos parece que se sienten muy cómodos, habiéndose convertido en amigos inseparables, gozando del beneplácito de toda la comunidad de la residencia y es por ello, por lo que Juan le ofrece a Gregorio presentarle a sus amigos de tertulia que, como amigos que son desde su infancia, de vez en cuando se reúnen y se ponen al día en cuanto a novedades familiares se refiere.

En una céntrica calle alicantina y en una cafetería que denota tener cierta antigüedad se encuentran nuestros protagonistas y poco a poco, van llegando los amigos de Juan. Éste, les ha presentado a Gregorio y ya están todos (siete u ocho) sentados rodeando una mesa y cada uno con su petición delante de sí mismo.

En la tertulia, ha habido conversación y charla para todos los gustos, sin embargo, de lo que más se ha hablado, y en esto quizás lo que más haya influido sea la edad y situación de los contertulios, dada la edad aproximada de todos es de la familia. Cuando llega el momento de irse, todo son abrazos y anhelos para el futuro, quedando todos de acuerdo en que el próximo jueves se verán en el baile que ese día de la semana se celebra para personas mayores en un centro de todos conocido. A Juan y Gregorio los han animado para que vayan porque se lo pasarán bien.

La invitación que los amigos de Juan les han hecho, en un principio, no están muy dispuestos a asistir, sin embargo, es Juan quien, después de pensarlo mejor, se dirige a Gregorio diciéndole:

—Creo que podíamos ir el jueves al sitio ese que nos dijeron mis amigos.

Gregorio se quedó mirándole fijamente y, en ese momento, no contestó, aunque, a continuación, respondió:

—No creo que tengamos algo que hacer allí nosotros, pero, si tienes curiosidad por ver aquello, podemos ir –contestó Gregorio haciendo un guiño dubitativo con su cabeza.

Recelosos con lo que pudieran encontrar allí, vieron como aquello era un antiguo cine que, fuera de uso, ahora, lo utilizaban para estas reuniones.

Una melodiosa música sonaba cuando llegaron a la puerta y vieron como unas cuantas parejas bailaban bastante acaramelados, viendo, también, como había varias personas mirando a los que bailaban y esperando para hacerlo ellos también. Dudaron qué hacer, pero, en ese momento, vieron cómo se acercaba a ellos uno de los amigos de Juan invitándoles a pasar. Ya no pudieron dudar en qué hacer y enseguida se vieron dentro y rodeados del resto de sus amigos acompañados de varias señoras charlando animadamente entre todos.

Mientras, la conversación cada vez era más animada, don Gregorio, que no participaba mucho en ella, observó cómo, en aquella reunión, había dos mujeres más que hombres su cabeza comenzó a darle vueltas pensando que, a lo mejor, en cualquier momento se ponían todos a bailar con sus parejas y allí quedarían él y Juan, con el compromiso de tener que invitarlas a bailar, cosa que a él no le hacía ninguna gracia. Y esto fue lo que ocurrió.

Se había quedado don Gregorio en compañía de dos señoras que hablaban entre ellas sobre algo que él no entendía. Juan se acercó a una de las dos y ésta, muy diligente, hizo ademán de levantarse igual lo hizo don Gregorio, pero, la señora que quedaba libre, pensando, seguramente, que le iba a invitar a bailar, le dijo que ella no podía hacerlo porque tenía un tobillo dolorido a consecuencia de una caída. Al quedarse solos, era lógico ponerse a hablar de algo, pero como si fuese algo intranscendente intercambiaron algunas palabras y así, ambos, se observaron que coincidían en muchas cosas, logrando con ello una mutua admiración. Esta breve charla sirvió para que, sin querer, los dos terminasen sabiendo casi todo de la vida del otro. De cualquier manera, al final unos bailando y otros sin hacerlo, todos se marcharon contentos a casa.

Ni Gregorio ni Juan volvieron a poner sus pies en aquel baile de los jueves, sin embargo, cierta tarde, cuando don Gregorio dormitaba muy tranquilo en su dormitorio, una llamada desde recepción le avisaba de que tenía una visita. Creyendo que sería su hija, como otras muchas tardes. Se aseó superficialmente y se llevó una gran sorpresa cuando vio que la visita no era su hija sino Beatriz, aquella señora que, la tarde que coincidieron en aquel baile, gastaron un buen tiempo en hablar de todo, sin bailar porque se le había doblado el tobillo de un pie.

Beatriz, viendo la sorpresa reflejada en la cara de don Gregorio, emitió una leve sonrisa y exclamó:

—No me esperaba usted ¿verdad?

—No, no la esperaba-, pero, por favor… y haciendo una señal con la mano, indicó la puerta de la cafetería.

Beatriz, enseguida tomó las riendas de la charla y mirando a don Gregorio, le dijo:

— Hace unos días, el administrador que me lleva las cuentas de unas fincas de mi propiedad, heredadas de una tía, hermana de mi padre, me dijo que, a partir del próximo mes, no podrá hacer ese servicio, a causa del mucho trabajo que se le acumula, junto con otros trabajos. Me pone en un gran aprieto, ya que yo no tengo ni idea de esas cosas y tengo que buscar otra persona para que me lo haga, ¿me lo podría hacer usted?

Esta pregunta dejó sin saber qué responder a don Gregorio, quien, de momento, no contestó, sino que se limitó a hacer un gesto de sorpresa para decir:

¿Es una broma?

—No, no es una broma –respondió Beatriz. Ya le he contado el problema que tengo en este momento y que, después de la charla tan larga que tuvimos aquella tarde, he llegado a la conclusión de que, ese trabajo, lo podría hacer usted muy bien y, por supuesto, pagándole lo que acordásemos. Es una propuesta (siguió hablando Beatriz) y le estoy hablando en serio. Por supuesto que no pretendo que me dé la respuesta en este momento. Piénselo y cuando se decida me lo dice, pero no sienta ningún compromiso conmigo.

Ya solo en su habitación, don Gregorio no daba crédito a la propuesta que le acababa de hacer Beatriz. ¿Cómo era posible que le hubiese hecho esa propuesta, si sabía que él no entendía nada de negocios?

Su mente se puso a trabajar y lo primero que pensó fue dudar de su propuesta o incluso que quisiera meterle en algún lio.

Sin embargo, por otra parte, la manera de hacerle la propuesta, le había parecido que era verídica.

Con esta incógnita pasaron algunos días y a don Gregorio, la duda le tenía indeciso, pues también alguna vez su imaginación le llevaba a pensar que todavía no era tan mayor y podía dar un cambio a su vida. Creyó mejor consultarlo con sus hijos y éstos, al parecer puestos de acuerdo, los tres vieron bien el que su padre tuviese una distracción fuera de la residencia, incluso Margarita le ofreció su casa para que viviese con ella.

Aun teniendo todo a su favor, y él cada día más convencido para cambiar de vida, aunque, antes de decidirse, aunque ya lo estaba, después de saber la opinión de sus hijos, visitó la casa de Beatriz varias veces la cual estaba situada en una zona muy céntrica, cerca del paseo marítimo. Su construcción no era muy reciente, pero estaba muy bien conservada. Era un piso de la segunda planta, en el que se notaba la mano de dos mujeres (Beatriz y su ayudante Fermina) por su limpieza y colocación de los muebles y decorados. Una de las habitaciones servía de despacho del administrador.

Con la aceptación de este "trabajo", ahora, solo tiene la obligación de personarse en su despacho cuando él lo crea conveniente, sin embargo, con el fin de enterarse bien de todo lo que se ha hecho cargo, casi todos los días se entrevista con Beatriz que, poco a poco, acaba diciéndole la trayectoria de su vida anterior que comienza en un pueblo muy pequeño de la provincia de Teruel, pero que, siendo muy pequeña, se trasladó a Alicante, de donde ya nunca salió.

Cierto día, revisando la correspondencia que tenía encima de la mesa de su despacho, vio y le llamó su atención, un sobre de color verde, mayor que los demás, sin el nombre de la persona a quien debía ir dirigido ni remitente. Aquello no era normal y como tal le dio preferencia para ver su contenido. Dentro, solamente una tarjeta, del mismo color que el sobre y en una de sus caras, con letras de ordenador de buen tamaño, el siguiente texto: ¿sabe usted donde se ha metido?. Don Gregorio se quedó en suspenso. Releyó la tarjeta varias veces y sin decir ni una palabra, la volvió a meter en el mismo sobre y se la guardó.

Don Gregorio salió a la calle dándole vueltas en su cabeza a lo que acababa de ocurrirle. Caminaba sin rumbo fijo, y casi sin pensarlo, se encontró en el paseo marítimo, precisamente muy cerca del banco donde, cuando estaba en la residencia, le gustaba ir por la mañana. Allí se sentó y de nuevo siguió dándole vueltas a lo ocurrido, no obstante, el tener delante de sus ojos el mediterráneo, cambió su pensamiento y caminó hacia su casa, prometiéndose, a sí mismo, no hacer partícipe de ello a nadie.

Esa tarde la pasó con su hija, en casa de ésta, charlando con ella de diversas cosas, en especial de la vida que llevan los residentes en esos centros, sobre todo incidiendo en la convivencia entre ellos y según la diversidad de caracteres, no obstante, algo dentro de sí mismo le dominó toda la tarde, pensando en lo ocurrido esa mañana y pensando también en su antigua amiga Amelia, de Málaga, que, como ya hacía mucho tiempo que no la había visto, decidió intentar volver a verla.

Siguiendo su costumbre de madrugar, don Gregorio salió de casa a la hora que lo hacía cuando estaba en la residencia y se encaminó hasta aquel bar donde se encontró con Amelia de forma tan inesperada. A pesar de haber pasado bastante tiempo, el camarero, al verle, le saludó muy atento y le hizo saber, al preguntarle don Gregorio por Amelia, que seguía yendo de vez en cuando.

No se imaginaba don Gregorio la sorpresa que le esperaba el día que, finalmente, se encontró con

Amelia. Después de rememorar antiguas anécdotas pasadas la conversación giró en torno al presente actual, en el que Gregorio le puso al corriente de su situación actual, sin hacerle ningún comentario al asunto que le preocupaba. Ella, en cambio, fue más explícita, al decirle que vive, desde hace varios años con una hija, casada, y con una nieta de siete años. También le dijo que, en el mismo Alicante, vivía Ofelia, otra de las antiguas amigas de Málaga. Al decir ese nombre, Gregorio se alegró de poder volver a verla después de tantos años y esto fue suficiente para quedar de acuerdo en verse algún día.

Pasaba el tiempo y don Gregorio no había vuelto a saber nada de la famosa cartulina verde, por lo que, poco a poco, fue olvidándose de ella.

De lo que no se olvidaba era del convenio que había hecho con Amelia en verse con ella y con su otra amiga Ofelia. Siguió visitando el bar donde solía encontrarse con Amelia y una mañana coincidieron y concretaron el día que se verían. Desde ese momento, Gregorio esperaba con impaciencia que llegase el momento de ver a sus amigas.

A pesar de esperar con impaciencia el encuentro con sus amigas, él no dejaba de tener al corriente todo lo que le obligaba con Beatriz mientras llegaba el encuentro esperado, aunque lo que él esperaba no se produjo. Con una cara de sorpresa recibió Gregorio a Ofelia, que lo hacía sola, sin su amiga Amelia.

Hola, Ofelia. ¿Como vienes sola?, preguntó Gregorio.

Ofelia le dijo que venía sola porque Amelia estaba indispuesta, pero que, como ella quería verle, así no había necesidad de dejarlo para otro día.

Gregorio observó que la disposición que mostraba Ofelia, no era idónea para un encuentro amistoso, por lo que, sentados ambos en una mesa y con algo para tomar delante, fue Ofelia quien primero tomó la palabra, haciéndolo en un tono bastante serio:

—Por fin me veo delante de ti, dijo Ofelia, mirándole muy seria a la cara. Como no he vuelto a tener noticias tuyas desde aquella tarde "tan bonita", como tu decías, en aquel momento de "total cariño" hacia mí, pues quiero que sepas que tienes una hija muy guapa que se llama Marta producto de aquella tarde "tan bonita" que pasamos tú y yo.

Al parecer, Gregorio no daba crédito a lo que estaba oyendo. Era verdad lo que Ofelia le había recordado, pero, ¿cómo iba a pensar que, al cabo de tanto tiempo, alguien le recordaría lo que pasó aquella tarde ya tan lejana?.

Durante un corto espacio de tiempo los dos se quedaron en silencio, sin embargo, a Gregorio, infinidad de cosas le pasaron por su cabeza. Es de suponer que continuó la charla mucho más tiempo aunque, seguramente, sin llegar a algún acuerdo.

Se puede decir que esta conversación caló hondo en los dos. Tanto al uno como a la otra, les sirvió para rememorar un tiempo en el que los dos eran felices, sin saber lo que les depararía la vida.

Don Gregorio, muy eufórico tras su ingreso en la marina mercante, pronto se vio envuelto en ese ir y venir propio de esa actividad, en la que su pensamiento solo era mirar el porvenir que le esperaba conservando esa actividad que, finalmente y con el paso del tiempo, al final, lo lograría.

A Ofelia, en cambio, aquella tarde "tan bonita", le marcó a su vida un camino distinto al que ella pensaba seguir. Al verse en una situación distinta a la que ella había soñado, lo primero que tuvo que hacer fue dedicarse a su hija recién nacida y pasados un par de años, volver a coger los libros que tuvo que abandonar por algo imprevisto. Aunque el precio que tuvo que pagar por ello fue cambiar la carrera de medicina que ella soñaba, por una de enfermera, que ejerció con mucho orgullo hasta el día de su jubilación.

A pesar de que el encuentro fue duro, a los dos les quedó un buen sabor de boca. Quedaron en verse de nuevo, aunque sin concretar nada más.

Para don Gregorio, el haber vuelto a revivir aquellos años de su juventud, parece que le ha subido la moral y ahora está bastante más contento.

No siempre, pero si con mucha frecuencia visita la casa de Beatriz, pues, al mismo tiempo que revisa el correo, se cerciora de que no haya nuevas noticias del sobre verde, porque, a pesar de que no ha vuelto a tener noticias sobre ello, no deja de pensar que, en su entorno, hay alguien que está pendiente de sus actos. Aparte de este tema, viene observando, desde hace bastante tiempo, lo cariñosa que se muestra Beatriz cuando se reúnen para solucionar algún problema, dando pie a que don Gregorio le cuente alguna anécdota subida de tono que, por otra parte, a Beatriz le hacen mucha gracia.

La vida de don Gregorio ha cambiado. De estar en la residencia prácticamente aburrido todo el día, a tener, ahora, varias cosas en qué entretenerse. Comenzando con su paseo matutino, siguiendo con la visita que, muchos días hace a su amigo Juan y por las tardes habiendo quedado con Amelia y Ofelia, e incluso con Beatriz para ir al baile de los amigos de Juan. Así vemos como don Gregorio está viviendo en estos momentos, una segunda juventud, pues la verdad es que de aquel señor que vivía en la residencia y todos los días se levantaba temprano y se iba a dar un paseo por la ciudad, a pasado al tener que atender todos sus compromisos.

De este modo, podemos elegir una tarde cualquiera en la que había quedado citado con Amelia, con la que, por diversas causas, no se veían desde hacía bastantes días.

¡Cuánto tiempo sin vernos! dice Amelia al llegar a su encuentro y darle un beso cariñoso. ¿Es que has estado muy ocupado?, terminó diciendo. Él se disculpó como mejor pudo y al mismo tiempo desvió la conversación.

Esa tarde, que ninguno tenía mucho que hacer, sirvió para que Amelia le pusiese al corriente de muchas cosas que habían pasado en Málaga desde que él se marchó de allí. Le habló de muchas cosas ocurridas después de marcharse él de Málaga. Eso le sirvió a Gregorio para recordar a varios amigos de aquella época tan feliz.

Algún comentario siguió a esta noticia por parte de Gregorio que los recordaba perfectamente. Esta y algunas noticias más le estuvo contando Amelia que Gregorio asimilaba como cosa suya, aunque, al haber pasado tanto tiempo, en algún momento, dudaba. De cualquier manera, Amelia no tenía mucha prisa en regresar a su casa porque se le notaba que su idea era permanecer al lado de él, el mayor tiempo posible para afianzar su amistad. Algo parecido pasaba con Beatriz, pues, cierto día, como Gregorio seguía trabajando para ella, en una de las visitas que hacía a la casa de ésta, con un fútil pretexto, Beatriz se acercó al despacho de él y después de solucionar el problema que hubiese, la conversación siguió por otros derroteros hasta terminar en algo más que, a los dos, les recordasen a pasajes propios de sus edades juveniles. Los dos rieron con ganas, dando por finalizada la charla. Al marcharse, Beatriz iba sonriendo en su interior, pensando que le había salido bien su treta.

Don Gregorio visitaba en la residencia a su amigo Juan, los cuales acostumbrados a dar un paseo charlando amigablemente y contándose sus últimas novedades, para terminar, generalmente en la misma cafetería donde ya eran conocidos los dos "abuelos", así conocidos por el buen humor que mostraban siempre. En la calle y caminando sin prisa, oyeron como, a lo lejos, sonaba una música muy alegre que les hizo recordar que durante esos días se están celebrando las fiestas de San Juan y será la banda de música municipal que estaría dando un concierto en la concha de La Explanada. Hacia allí se dirigieron y en ese momento, Juan se paró en seco y mirando fijamente a Gregorio le preguntó:

—¿Te he contado alguna vez que yo, en mi pueblo, quise ser músico?

Gregorio se le quedó mirando y de una forma socarrona le contestó:

—¿Tu... músico, con lo bruto que eres?

Los dos se pusieron a reír al mismo tiempo y dijo Juan:

Si, la verdad es que es bastante difícil y como me vine aquí, lo dejé.

Siguieron caminando en esa misma dirección, pero, cuando llegaron, solo pudieron oír los últimos compases de la pieza final. Juan aún tenía tiempo antes de tener que estar en la residencia y fue él mismo quien propuso tomarse un chocolate con churros en una chocolatería cercana.

De una forma muy lenta pasaba el tiempo para estos dos amigos. No obstante, un día que don Gregorio realizaba una visita a su despacho en casa de Beatriz, volvió a surgir de nuevo el sobre verde. Igual que la vez anterior un sobre verde, sin destinatario ni remitente, apareció entre las demás cartas normales. También igual que la vez anterior, don Gregorio se la guardó sin hacer ningún gesto de aprobación o reproche. Al terminar de leer su contenido, sacó la tarjeta de su sobre y leyó: "le repito que no sabe usted donde se ha metido". Esta segunda misiva no dejó indiferente a don Gregorio. No sabía qué hacer, si comunicarlo a la policía o, igual que la vez anterior, no decírselo a nadie. Finalmente se decidió por decírselo a su amigo Juan, quien, enterado del asunto, pronosticó que eso parecía una broma.

A don Gregorio, no le parecía tal broma y más cuando, a los pocos días y por el mismo conducto, recibió, una vez más, un nuevo sobre que, esta vez, no guardó para después, sino que la leyó inmediatamente y su rostro reflejó lo que, en su interior sentía. La carta, escuetamente decía: ¿está usted seguro de que la hija de Ofelia es suya?. Esta pregunta colmó sus inquietudes. La verdad era que, después de aquella tarde "tan bonita" que pasaron, rompieron sus relaciones, pues, después, no habían vuelto a verse. Si con las dos primeras cartas, don Gregorio ya estaba preocupado, con esta última noticia esta incógnita se le hace mucho mayor, al tener en cuenta que Beatriz se ha impuesto el conquistar a Gregorio al precio que sea, sin embargo, éste, que ya se ha dado cuenta de la pretensión de aquella, no quiere más líos y decide contárselo todo a su amigo Juan. Al quedar enterado éste de los problemas de su amigo, no puede dejar de hacerle una broma y le dice con guasa:

—¡Vaya con el señor, cualquiera lo diría, con la pinta que tiene de serio!

Esta forma de responder de Juan produjo en Gregorio una sonrisa tristona, ya que estaba envuelto en un mar de reproches a los que podía llegar en caso de que su familia se enterase de todo lo que le preocupaba en ese momento. ¿Qué haría frente a las críticas de su familia?. Con esa incógnita se despidieron. Pasados algunos días, una mañana, don Gregorio recibe una llamada de su amigo Juan citándole para esa misma tarde en la residencia. El que le citase para esa misma tarde, hizo que don Gregorio estuviese pensando todo el día en qué sería lo que Juan le fuese a decir para citarle con esa urgencia, por lo que, cuando estuvieron frente a frente, Gregorio le preguntó cual era la causa de esa llamada tan precipitada. Con una risa franca invitándole a tomar un café, Juan comenzó diciendo:

…—Durante estos días, he estado pensando en lo que me dijiste la última vez que nos vimos. Creo que aquí hay algo que lo complica todo. y para solucionarlo, creo que lo mejor sería ponerlo en manos de personas profesionales. Yo conozco a alguien que trabaja en un gabinete que se dedican a esta clase de asuntos. Si quieres, puedo hablar con él y que nos dé su opinión.

A medida que Juan iba exponiendo su punto de vista, a Gregorio su cara se le iba cambiando. Dejó que su amigo terminase de hablar y todavía pasó algún tiempo cuando dijo:

—¿Y qué puedo decir yo...?

Aprovechando que se encontraban en la cafetería y ésta, en ese momento, se hallaba vacía, don Gregorio, pensando en voz alta, dijo:

—¡No me puedo creer que de todo esto que está pasando, el único culpable sea yo!. Me da vergüenza pensar en qué dirán mis hijos cuando se enteren. Toda la buena reputación que tengo la perderé y eso ya no se recupera!. Juan, que le estaba oyendo lo que estaba pensando, no le quedaba otro remedio que darle ánimo y tratar de reconducir la situación y hablarle de aquellos problemas difíciles. Llamó al camarero y le pidió dos cafés sin consultar nada con su acompañante, al cual, después de hacer la petición, le dijo que como le veía tan nervioso, lo mejor sería tomarse algo y tratar de hablar de otra cosa. Gregorio, solo realizó un pequeño sorbo y retiró a un lado de la mesa su taza.

Juan consiguió que hablasen de la misma residencia pensando en que, como Gregorio la conocía, le sería fácil hablar de la misma.

Después de dar muchas vueltas a lo que le había propuesto Juan ¿qué otra cosa podría hacer que no fuera eso?. Tenía que salir de ese atolladero y lo mejor sería ir liberando su conciencia y comenzar explicando a su hija los problemas que le estaban surgiendo desde que se decidió a llevar la administración de Beatriz. Sintió un gran alivio cuando, después de decirle a su hija, los anónimos que, cada cierto tiempo, le llegaban, terminó haciéndole saber el lío que tenía con las consecuencias que le habían traído aquella tarde "tan bonita" pasada con Ofelia. La reacción de su hija fue la que ya podía adivinar él que sería, aunque solo lo hizo mirándole con furia a la cara diciéndole al mismo tiempo algo parecido a esto: ¡muy bonito, y después, ahí te quedas! Posiblemente, nunca don Gregorio habría pasado más vergüenza en su vida. No obstante, siguió dándole más detalles de cuál era su situación en ese momento, incluso pidiéndole opinión sobre ponerse en manos de un gabinete de profesionales, como le había aconsejado Juan. Para Margarita, su hija, el problema más grande era el tema de Ofelia que, le había aparecido una hermana sin estar enterada.

Como no podía ser de otra manera, Margarita, después de pasarse un buen disgusto proporcionado por la noticia que le había dado su padre, se decidió a dar la noticia a sus hermanos, sin embargo, no quería ver disgustado a su padre y procuraba no mencionar ese problema con él.

Por otra parte, Juan, ya había dado sus primeros pasos y le había puesto al corriente de todo a su amigo Miguel, aquel del que le habló a Gregorio como un buen amigo suyo y que formaba parte de un gabinete dedicado a casos poco claros, quien, le dijo que el tema no parecía muy escabroso pero que tendría que tratarlo con mucha discreción.

El tema, en ese momento, no podía estar mejor encauzado, tanto por parte de Juan como por la noticia dada por Margarita a sus hermanos, de los cuales esperaba sus noticias y sus opiniones del caso que les afectaba a todos.

En medio quedaba don Gregorio con su problema. Él, que según su pensamiento, durante toda su vida había procurado ser una persona formal en todos sus actos, ahora se veía involucrado en algo que pasó hace muchos años, aunque admite que nunca debió pasar y habiéndose olvidado totalmente de ello, ahora se ve involucrado en un tema tan feo. ¿Qué diría Lucía si viviera?. Ella, que siempre había confiado en mí plenamente...

Por un momento, se sintió avergonzado, al venirle a su mente aquellos tiempos en que, juntos, eran muy felices.

Estas, y muchas más consideraciones se hacía don Gregorio mientras esperaba con paciencia el tener alguna noticia de sus hijos. En este aspecto, ya estaba preparado para recibir la noticia que fuese, pues ningún halago podía recibir del tema que se trataba.

No obstante, al cabo de algunos días, don Gregorio recibió la mejor noticia que podía recibir. Al otro extremo de la línea telefónica se hallaba su hijo Manuel, quien, después de saludarle muy efusivamente, se fue directamente a decirle lo que quería, que no era otra cosa que, a pesar de que de ninguna manera les parecía bien lo sucedido, los tres hermanos habían acordado ser benevolentes con quien solo tienen buenos recuerdos como el buen padre que siempre había sido con ellos. En cuanto al tema de los anónimos, también le dio ánimos al decirle que eso pronto se lo resolverían.

El saber que a sus hijos no les había sentado todo lo mal que él pensaba, le dio ánimo para continuar con la esperanza de que todo saldría bien.

Con el ánimo mejor dispuesto, don Gregorio, poco a poco, fue recobrando su personalidad.

Cierto día, estando en su despacho de la casa de Beatriz, fue a verle ésta, para que, esa tarde, le acompañase a una reunión de amigas, en las que todas le habían insistido mucho para que fuese acompañada de ese señor tan guapo que dicen tengo como administrador. Basándose en ello, Beatriz le invita muy formalmente en nombre de sus amigas y, al mismo tiempo le ruega que no deje pasar la invitación, aunque solo sea por cortesía. Don Gregorio, que no lo esperaba, se quedó sin saber qué contestar. Pasó un corto espacio de tiempo, en el que Gregorio no daba crédito a lo que había oído y no sabía qué contestar. De ninguna manera le apetecía servir de figurín delante de varias señoras que, cuando le viesen delante, le iban a sacar cuarenta defectos. Beatriz, que, en realidad era ella quien más empeño tenía en que sus amigas conocieran a Gregorio, buscando el modo de convencerle para que aceptase la invitación que le había hecho llegar, recurría a toda clase de artimañas para convencerle. Aun así, no lograría conseguirlo aunque si lo hizo para un próximo día.

A pesar de haber hecho esa promesa, don Gregorio estaba pasando unos días muy tranquilo. En parte, se había olvidado un poco de la promesa que le había hecho a Beatriz y visitaba a menudo a su amigo Juan, siempre pendiente de que le dijese algo que le hubiese dicho su amigo, Miguel, el inspector privado.

Quien no estaba tan relajada y tranquila era Beatriz. Cada vez que se enteraba de que su administrador estaba en su despacho, le faltaba tiempo para ir a recordarle que tenía una cita pendiente con sus amigas, lo que casi llegó a molestar a don Gregorio. ¿Por qué tenía tanto interés Beatriz en que fuese a que le conocieran sus amigas? Muchas cosas le rondaban por su cabeza, pero a la que no daba ningún crédito era a la que alguna de ellas estuviese muy encaprichada por él, sabiendo que, aunque habían pasado muchos años, él, todavía recordaba con mucho cariño a Lucía. Y la pregunta que se hacía don Gregorio quedó resuelta cuando, al fin, llegó el día que éste se decidió a ir. Cuál no sería su sorpresa, al ver entre todas aquellas señoras a Ofelia. La impresión que le causó fue enorme, al reconocer aquella cara. Enseguida, Beatriz le fue presentando a todas sin hacer ni decir nada especial al llegarle el turno a Ofelia, sin que el presentado hiciese nada especial.

Como, además de varias señoras, dos de ellas estaban con sus maridos, esto le vino muy bien a don Gregorio, pue pronto hicieron cierta amistad y la reunión, que duró varias horas, resultó muy entretenida.

Cuando, a los pocos días, se volvieron a ver Beatriz y su administrador, éste, con buenas palabras le reprochó a su administrada el haberle llevado a esa reunión engañado, con la única idea de que coincidiera con alguien a quien ya sabía que nos conocíamos desde hacía mucho tiempo.

—Sí, ya lo sabía, contestó Beatriz, pero lo que usted no sabe y yo se lo voy a decir es todo cuanto debió sufrir desde el momento en que usted se olvidó por completo de ella, y sus padres, cuando supieron cual era su estado, la hicieron imposible su vida. Ella, que, según me ha contado, le quería tanto a usted, que no se atrevió a desvelarle por miedo a represalias de su padre contra usted, creciendo la niña y soportando su madre esa situación. Ofelia (por primera vez pronunció su nombre), para cuidar a su niña (Marta) se vio obligada a sustituir sus estudios de medicina por los de enfermería.

—¡Cállese, por favor!, gritó, furioso, don Gregorio, ¡que ya sé todo lo demás!

Sí, seguro que usted también sabe que sus padres hicieron que se marchase de casa con su niña, al no poder resistir la situación creada,–concluyó Beatriz. Después de oír estas últimas palabras, don Gregorio, se levantó y dando un fuerte golpe al cerrar la puerta, se marchó. Esta escena fue la gota que colmó el vaso de la paciencia que estaba resistiendo la regañina de reproches que estaba recibiendo de Beatriz.

De cualquier manera, desde que se había vuelto a encontrar con Ofelia, su conciencia no le dejaba de recordar aquellos años que, siendo tan feliz, una mala jugada del destino hizo que, a lo largo de su vida, llevase consigo ese "sambenito" que, aunque nunca hizo mención de ello a nadie, excepto a sus hijos, ahora, siente una ansiedad muy grande por conocer a su hija, Marta. Piensa que no tiene derecho a ello, puesto que eso lo debió hacer cuando nació y no ahora que ya tiene muchos años y no sabe como responderá su hija, cuando sepa las pretensiones que tiene de conocerla. No sabe qué camino tomar para conseguirlo. Piensa que Beatriz sería un buen medio, pero sabiendo lo enfadada que está Ofelia con él, no se atreve a proponérselo. Otro camino podría ser el de conseguir que su hija Margarita lo intentase ante Marta, aun sabiendo que es difícil, sería un camino bastante árido por lo incierto que resultaría el primer encuentro entre las dos hermanas, porque todavía no se conocen. No es fácil la situación que atraviesa don Gregorio. Después del saludo obligado en la reunión, a la que no le apetecía asistir, y que luego propiciaron las palabras, un tanto agrias entre Beatriz y don Gregorio, al tener que saludar a Ofelia.

Después de aquella conversación que, hace ya bastante tiempo mantuvieron Ofelia y Gregorio, ahora, después de haberse vuelto a ver, tanto el uno como la otra, tienen cierta tendencia a volverse a ver.

Ofelia, no entiende el por qué, después de haber estado tan enfadada con el padre de su hija, ahora, no lo ve así y en el fondo, no le importaría hablar de nuevo con él y lo haría de una forma muy distinta a como lo hizo la vez anterior, y por lo que corresponde a don Gregorio, algo ha cambiado en él. La verdad es que, los dos tienen su pensamiento en el otro, sin embargo, hay mucha diferencia de como lo hace cada uno. Ofelia, poco a poco, se ha ido desechando de todas las maldades que veía en Gregorio, hasta casi convertirle en un deseo. Don Gregorio no llega a tanto, pero tiene en la cabeza el nombre de Ofelia que difícilmente lo olvida.

Realmente, la situación que están viviendo ahora Gregorio y Ofelia es bastante singular, sabiendo las obligaciones y compromisos que cada uno tiene adquiridas con su propio ser, aunque la verdad es que, poco a poco, los dos se están quitando de encima algo que nunca pensaron que volvería a ocurrir, como era el querer estar juntos y correr un tupido velo por lo que pasó hace ya tantos años. Gregorio es quien, a pesar de hacer muchos años que perdió a su mujer, la sigue recordando con muchísimo cariño y eso le lleva a dudar del empeño que tiene por volver a estar con Ofelia. ¿Qué pensaran sus hijos de él cuando se enteren?

Esta pregunta lleva rondando en su cabeza mucho tiempo y la solución más fácil de adoptar es hacérselo saber él, pero, ¿Cuándo, cómo y de qué manera?. A todo esto le daba vueltas Gregorio y tenía miedo a enfrentarse a ello, sin embargo, también había algo que le animaba a llevarlo a efecto, y ello era que formalizando una relación estrictamente de amistad, podría llegar a conocer a su hija.

En el caso de Ofelia, la aproximación a Gregorio era más fácil, pues, para ella, solo era hacerle ver a su hija Marta el volver a tener una relación de amistad con el que es su padre y que, en un momento de su vida, fue su gran amor, al que se entregó en cuerpo y alma.

No fue muy bien aceptada por Marta la explicación que le había dado Ofelia a su hija para, de nuevo, iniciar otra vez, aunque solo fuese de amistad, con la persona que no quiso saber nada de ella cuando nació, dándole más motivos por los que no debía de hacerlo. Esta negativa que le planteaba Marta a su madre y la incógnita que se le planteaba a don Gregorio al no saber como reaccionarían sus hijos cuando se lo dijese, les condujo a ambos a aplazar sus ilusiones.

Hacía bastantes días que don Gregorio y juan no se veían y aquella tarde el primero de los nombrados fue a visitar a Juan, el cual se alegró bastante cuando le vio aparecer por la residencia.

—¡Dichosos los ojos que te ven, don Gregorio! –Dijo Juan, en un tono de víctima, cuando llegó a su lado.

Si, la verdad es que se pasan los días y una vez por una cosa y otras por otra, nunca llega el hacer una visita mi amigo Juan. Entre alguna que otra broma y ya en la cafetería, donde, por cierto ,había un buen equipo de aire acondicionado y Juan, lo primero que hizo, fue, ponerle al corriente de todas las novedades que había desde la última vez que estuvo allí. Pero no podía faltar el hablar de las cosas personales de cada uno, fue en ese instante cuando, a Gregorio, le pareció buen momento para decirle a su amigo, las vicisitudes que estaba pasando en ese momento. Le habló del interés que tenía en entablar una relación, puramente amistosa, con Ofelia, aunque había problemas familiares en las dos partes, por lo que, de momento, debían de esperar. Juan escuchó con atención el relato de Gregorio y en ese instante, se quedó sin decir nada, lo que influyó para que éste hiciese una pausa en su alocución.

—No comprendo por qué tienes esa preocupación por no poder tener esa amistad con Ofelia, –dijo Juan, poniendo cara de incertidumbre.

Gregorio se quedó pensativo y finalmente, se decidió a decir:

—Debía de habértelo dicho antes, sin embargo, nunca lo hice. Mi amistad con Ofelia, viene desde que éramos muy jóvenes en Málaga, eso ya lo sabes, pero, lo que no sabes es que, fruto de aquella amistad, nació una niña.

Juan, que escuchó el relato de su amigo con mucha atención, cuando terminó de hablar, no dijo nada y siguió escuchando lo que aún le quedaba por saber.

—Antes de nacer la niña, prosiguió Gregorio, me enrolé en la marina mercante y siempre de un lado para otro, no tuve noticias de todo lo que ocurrió después. Según me informaron después, sus padres la hicieron la vida imposible entre reproches y malos modos, hasta tener que abandonar sus estudios de medicina para atender a su niña y eso le costó el cambio de estudios de medicina a enfermería.

¡Que barbaridad!. ¿Y qué pasó después?, preguntó Juan.

—Pues que cuando terminó sus estudios se vino aquí con su niña a ejercer su profesión y aquí sigue, por supuesto, ya jubilada, con su hija.

—¡Bonita historia! –exclamó Juan.

Un silencio prolongado siguió al relato de Gregorio. Como si los dos estuvieran esperando a que hablase el otro, al final fue Gregorio quien dijo:

Si, bonita historia y a la vez complicada.

—¿Y tú nunca tuviste noticias de lo que habías dejado atrás?

—¡Nunca!–, respondió Gregorio tajantemente. Ten en cuenta que, cuando esto ocurrió, fu, precisamente en los momentos en que yo ingresaba en la marina, teniendo que marcharme de Málaga y a donde no he vuelto. Mi padre, también se había marchado de allí y, por lo tanto, mi familia no existía, aunque lo que si existía era una relación oculta entre Lucía, mi queridísima esposa, y yo. Tuvimos una relación muy intensa y solamente nos veíamos cuando, estando yo trabajando en algún puerto español, iba ella a verme.

Segunda parte

Al llegar aquí, Gregorio paró un momento su charla y esbozando una sonrisa dijo: -Recuerdo una tarde, en Bilbao, en uno de esos viajes que Lucía hacía para vernos. Jugaban el Athletic y el Málaga un partido de futbol y fuimos a verlo. Perdió el Málaga y Lucía se llevó un buen disgusto, aunque, después, el amor que nos unía lo arregló todo. La verdad es que nos queríamos mucho y en cuanto teníamos una oportunidad, enseguida estábamos juntos y siempre pensando en cuando nos podríamos casar.

—¿Y, tardasteis mucho en hacerlo?

No me acuerdo. Lo que si te puedo decir es que fue una ceremonia familiar, ya que hacía muy pocos días que había fallecido su padre, y enseguida nos vinimos a vivir aquí, donde nos afincamos y nacieron nuestros tres hijos.

—¿Y no habéis vuelto a Málaga? –volvió a preguntar Juan.

No, y menos desde que falleció Lucía.

Al pronunciar esta frase, Gregorio se quedó callado un instante, y con la mirada perdida en el infinito, y casi mascullando las palabras dijo: ¡Qué lástima!, (seguramente, en ese momento, recordaba a Lucía).

Esta última frase, sirvió para finalizar aquella conversación que tantos recuerdos había traído a su memoria y esa misma noche, en la soledad de su habitación, pasaron por su mente hechos que le dejaron huella.

Recordó muy bien a su padre vestido de uniforme, que, como militar, fue destinado a Málaga. También recordó cómo él, habiendo aprobado un examen para ser funcionario de la Administración, luego no le gustó, aunque lo que si le gustaba era irse a la playa a jugar al futbol con sus amigos y amigas. Intentó formar parte de la marina mercante y, al conseguirlo, de pronto se encontró rodeado de personas nuevas que, de entre los cuales, todavía recuerda el nombre de algunos y cómo, poco a poco, fue alcanzando mejores puestos, llegó hasta lo más alto del escalafón. No puede olvidarse de que en Málaga había una persona que siempre estaba pendiente de cuando llegaba el barco en el que viajaba yo. Era

Lucía, una chica muy guapa con la que, desde hacía mucho tiempo que, manteníamos una relación muy arraigada desde que nos conocimos en la playa un día que coincidieron allí nuestros colegios.

Rememorando estos lejanos tiempos, don Gregorio se quedó dormido y durante las horas siguientes, quizás por su pensamiento anterior, soñó con aquella ciudad. Como si en estos momentos la ciudad fuese la misma de entonces, pensó que podía hacer un viaje a aquella capital y recordar aquellos años tan felices que pasó allí. La idea, aunque de momento le pareció descabellada, poco a poco y a lo largo de varios días, fue tomando fuerza, hasta convencerse él mismo de que lo podía hacer.

Cuando se lo comentó a Margarita, su hija, ésta, al principio, lo vio como algo impensable en su padre, sin embargo, pensándolo despacio, que, a lo mejor le venía bien para olvidarse de Ofelia. Decidido a viajar, lo primero que hizo, fue despedirse de su amiga Beatriz, dándole las gracias por las atenciones que había tenido con él. Así mismo lo hizo con su buen amigo Juan, diciéndole que cuando regresase volverán a verse.

Como un niño cuando va a conocer alguna cosa de la que le han hablado muy bien, así iba don Gregorio cuando, muy a gusto en su asiento correspondiente del tren "AVE" que estaba llegando a la estación María Zambrano de Málaga. Tirando de una maleta de tipo medio con su mano derecha se dirigía lentamente, observando los edificios que, algunos eran los mismos que había cuando él vivía allí y otros eran de reciente construcción. Desde luego, un recorrido de calles que él recordaba muy bien, hasta llegar al hotel, donde ya contaba con la reserva de una habitación.

Con una luminosidad radiante, amaneció el día siguiente al de su llegada, de manera que, fiel a su costumbre de levantarse pronto de la cama, ese día también lo hizo.

A pesar de que la distancia desde el hotel donde se hospedaba hasta la casa donde había vivido su esposa Lucía era considerable, quizás pensando en ella, quiso hacer el trayecto andando. Al llegar y ver como aquella tiendecita pequeña había desaparecido, siendo absorbida por un centro comercial. En la acera de enfrente había un banco para peatones, en el que, seguramente, al sentarse, recordaría tiempos pasados; se sentó y allí permaneció un buen rato. Recordaba cómo, siendo muy jovencito, pasaba expresamente por esa calle para ver si daba la casualidad de ver a Lucía, también, cuando los días de fiesta, iba a un sitio donde sabía que podría ver allí a Lucía.

¡Cómo había pasado el tiempo! Y todavía visitó la playa, aquella donde, siendo casi un niño, conoció a Lucía. La tarde de ese primer día la pasó en el puerto. Allí se quedó asombrado viendo el cambio que había sufrido. Recordaba aquel recinto que él conoció y, desde luego, nada tenían que ver estas instalaciones con aquellas que él conoció. No tenían nada que ver con las anteriores. Esa misma noche, ya planificó lo que haría el día siguiente.

Sabía que en Málaga había una especie de "cafetín" donde solían reunirse las personas ligadas, de alguna manera, con el mar. Decidió que, al día siguiente, se acercaría por allí y ver si seguía existiendo. Se llevó una gran sorpresa cuando, al acercarse, vio que no solo seguía existiendo, sino que, ahora, había sido remozado. Era media mañana y, una vez dentro, se acercó al pequeño bar, en el que pidió algo. Tres o cuatro clientes, sentados en torno a una mesa no muy grande, hablaban entre sí y, a la vez, cuchicheaban sobre quien sería aquel forastero. Mientras se tomaba lo que había pedido, se acercó a la barra un nuevo cliente que, aunque no se conocían, se dirigió a don Gregorio hablándole de cualquier cosa sin importancia, pero que sirvió para que el recién llegado presentase al "forastero" a los que ya estaban allí. Formando ya, una reunión de seis personas, la charla, sin dudarlo, derivaría a la procedencia del "forastero". Enseguida se supo que don Gregorio era un marinero mercante jubilado que conocía bien Málaga por su estancia allí durante sus años juveniles, en la que rememorando compañeros que lo habían sido durante su primera etapa en esa ciudad nombró a un tal Pío. Al decir ese nombre, todos reaccionaron de la misma manera. Todos le conocían y además, era un cliente casi diario de esa tertulia, por lo que era fácil que, en cualquier momento, apareciese por allí. No fue así, pero, él mismo se comprometió a ir allí todos los días hasta encontrarse con el tal Pío. Las tardes, las pasaba recorriendo la ciudad y recordando viejos lugares, como aquel lugar en la calle Larios, donde había varias mesas para jugar al billar y él siempre elegía la misma porque decía que le daba suerte. Finalmente, un día apareció por la tertulia de las mañanas el "ansiado" Pío. Esa mañana tampoco había faltado a la tertulia Gregorio y le dijeron que aquel que acababa de entrar era quien él buscaba. Enseguida le reconoció, y, acercándose hacia él, le saludó así: ¡Hola! ¿No me conoces? Pío se quedó mirando fijamente a la persona que tenía delante y después de pasar unos instantes dijo con incertidumbre:

—¿Eres Gregorio, aquel que se enroló en la marina mercante?

—Si, yo soy.

Los dos se fundieron en un abrazo muy grande y enseguida se sentaron en un sitio que estaba vacío. Una sorpresa muy grande fue para los dos, al volverse a encontrar después de tantos años como habían pasado. Quizás por ser Gregorio quien había vuelto a la ciudad donde, en sus años jóvenes pasaron algún rato haciendo proyectos sobre sus vidas y sobre todo mirando a las chicas malagueñas, aunque, siempre terminaban gustándoles todas. No obstante, al llegar a este punto, el diálogo sufrió un cambio.

Por aquella época y aunque nadie lo sabía, dijo Gregorio, yo, ya estaba enamorado. Éramos casi unos niños, pero Lucía, que así se llamaba, y yo, casi siempre y sin que nadie nos viera, nos veíamos siempre que teníamos ocasión.

Gregorio siguió contándole muchas anécdotas de aquellos momentos en que, de esa manera era feliz, mas, desde que llegó el momento de tener que marcharse de aquí, por su ingreso en la marina mercante, sólo cuando llegaba a un puerto español, ella le visitaba.

Casi con toda seguridad, a Gregorio se le pasó por la cabeza el problema que tiene en estos momentos, con la "aventura" de querer conocer a su hija. De momento, no le diría nada, ya habría otra ocasión, pues, seguramente, se verían más veces.

Tuviste suerte al enrolarte en la mercante, yo lo intenté después un par de veces y no lo logré- dijo Pío. Siguieron hablando un buen rato de diversas cosas y, también Pío le contó algunas cosas de su vida privada como, por ejemplo, diciéndole que, debido al mal entendimiento entre su mujer y él, llevan cinco años separados. Sin embargo, ya está cansado de estar solo y quiere volver a juntarse con ella.

—Creo que harías bien –le dijo Gregorio.

El rostro de los dos reflejaba satisfacción, demostrando con ello, que les apetecía quedar en verse otro día. Gregorio salió contento de ese encuentro, pensando que, a partir de ahora, tendrá alguien con quien charlar todos, o casi todos, los días.

Don Gregorio aprovechaba las tardes para visitar los sitios donde le hacían llevar sus recuerdos, y en varias ocasiones le habían llevado a la calle donde había estado la pequeña tienda donde estaba Lucía cuando todavía era una niña, dejando vagar su pensamiento recordando cualquier detalle por pequeño que fuese. Cuando, después de haber estado allí un buen rato, dando "rienda suelta" a sus pensamientos.

Debía dar por finalizadas aquellas visitas a lo que quedaba de la antigua tienda, lo mismo que a los encuentros con Pio, al que, después de verse varios días, no se había atrevido a contarle su episodio con Ofelia y las consecuencias habidas. Dudó mucho en si hacerlo o no, pero, finalmente, y creyendo que, de esa manera, se quitaba un peso de encima, optó por hacérselo saber.

Fue al día siguiente en el que coincidieron, ya con el ánimo preparado para despedirse de aquellos días, en los que, ya habían hablado de todo lo que había ocurrido de importancia en la ciudad durante tantos años como hacía que Gregorio no estaba allí. Y este fue el momento en el que Gregorio se decidió a decirle:

—Durante estos días que hemos hablado tanto, no me he atrevido a decirte algo que creo que debo hacerlo-.

—Pues soy todo oídos –contestó Pio.

¿Te acuerdas de una chica de nuestra pandilla que se llamaba Ofelia?

Si, me acuerdo.

—Una tarde, continuó hablando Gregorio, que, aunque ya no éramos ningunos niños continuábamos reuniéndonos como hacíamos desde niños. Esta chica tenía que marcharse a casa pronto para ir con sus padres a una visita. Yo me ofrecí a acompañarla y cuando llegamos a su casa, sus padres ya no estaban. Recuerdo que insistí en pasar con ella a su casa. Allí empezaron las bromas y...

Si, ya me figuro todo, atajó Pio.

Gregorio, aunque dándole un matiz más benevolente a sus consecuencias, relató a Pío los problemas que sobrevinieron, al saber sus padres del embarazo de Ofelia, de tal manera que ésta tuvo que dejar sus pretensiones de hacer la carrera de medicina por la de enfermería y marcharse de casa.

Pío escuchaba este relato con movimientos de cabeza que dejaban entrever el impacto que le estaba causando el relato de Gregorio.

Después de contarle lo anterior y lo ocurrido en Alicante en sus encuentros fortuitos con ella, ahora está muy interesado en conocer a su hija, pero que tiene una gran oposición en las dos familias.

—Pues creo que debes armarte de valor y paciencia y ver de qué forma arreglas esa situación –le aconsejó Pío.

En parte, Gregorio, se había quitado de encima una pesadilla que, quizás, por estar estos días en el sitio donde ocurrieron los hechos, la llevaba más dentro de sí mismo y le parecía que, al habérselo contado a Pío, le pesaba menos, aunque, también era verdad que, en su mente, no estaba seguro de que, a Pío, en alguna ocasión, y sin querer, se le fuese la lengua y lo contase. Con esa tranquilidad, a medias, se volvió a Alicante.

Después de su visita a la ciudad andaluza, se encontraba de nuevo bastante relajado y satisfecho de cómo se habían desarrollado todas sus actividades. Su encuentro con Pío fue decisivo. Había dejado allí un amigo dispuesto a darle solución a cualquier cosa que necesitase de allí, no obstante, lo que más le preocupaba, era el tema de querer conocer a su hija, para lo cual, no tenía más remedio que tomar alguna decisión. Una de ellas, y quizás la más conveniente, era esperar a que llegasen las fiestas de Navidad y Año Nuevo, que todos los años la familia tiene costumbre de reunirse y, en esos momentos, la cuestión sería más fácil de llegar a un acuerdo. Pero para que llegasen esas fiestas, faltaba mucho tiempo y a don Gregorio se le haría muy largo, por lo que, dejando atrás ciertas reticencias, se decidió a ir allanando el camino y por si las cosas, llegado el momento se ponían mejor de lo que esperaba, pensó en no decaer en su empeño de acercarse, poco a poco a Ofelia, para lo cual, consiguió visitar a Beatriz y lograr que, ésta, lograse una nueva reunión de amigos, en la que no faltase Ofelia ni, por supuesto, él.

Todo fue preparado por Beatriz, que lo hizo argumentando la fecha de su cumpleaños, reservando, para ese evento, un coqueto salón en un céntrico restaurante de la ciudad, con una decoración moderna y con un ventanal muy amplio y un mobiliario moderno. Beatriz se esforzó, sabiendo el verdadero interés que tenía Gregorio en aquella reunión para estar cerca de Ofelia.

Mientras todo esto ocurría, la hija de Ofelia estaba muy inquieta, pensando en que, esa actitud, se debía a la idea que tenía de entablar alguna relación con su padre. Con bastante discreción se lo preguntó a su madre, dándole ésta una respuesta discreta, pero sin aclarar nada. aunque dejó entrever que ese asunto sería mejor hablar de él cuando estuvieran en Alicante los hijos de su padre. Con esta respuesta, era fácil deducir que su padre quería que las relaciones entre las dos familias se fueran acercando, aunque no era eso lo que pensaba Margarita, pues ésta, no asumía el hecho de tener una nueva familia y ésta, conocida después de tantos años pensando que su padre había sido siempre una persona ejemplar, lo que motivó que, a partir de ese instante, se instalase entre ellos cierta frialdad.

Esta situación entre padre e hija, caló muy hondo en Gregorio y le fue causando una depresión de ánimo que le llevó a estar pensando siempre en aquella visita que hizo con Ofelia a su casa y que tantos problemas trajeron después.

Está obligado a tener una relación directa con Ofelia y su hija Marta. Ésta, como descendiente suya. Esto le lleva a estar contando el tiempo que falta para que vengan sus dos hijos y entre todos, dar una solución a este problema. Además, ahora, está pendiente de que Beatriz le diga el día y la hora que se van a ver todas sus amigas, así como el sitio. Tiene mucha ilusión pensando en que, en esa ocasión, podrá hablar con Ofelia. Cuando se produce la reunión tan esperada, Gregorio no puede, ni quiere, faltar a dicho evento, así que, no fue el primero, pero tampoco el último. Es uno más de los asistentes. Unas pocas palabras son las que emplea Beatriz para dar a todos las gracias por su asistencia y enseguida se forma un gran murmullo, al querer todas ser la primera en iniciar cualquier tema, pero, igual es el momento de acercarse todos a una mesa pequeña, pero muy moderna, en la que se hayan varios envases con diversos dulces. No obstante, Beatriz levantó su mano pidiendo un poco de silencio para decir, con una cara sonriente, que estaba muy contenta con ver a tantas amigas y amigos a su alrededor y que se alegraría mucho si de allí saliera una gran amistad entre todas y todos los presentes. Sus palabras fueron muy bien acogidas y en ese momento, todas las miradas se fueron a Ofelia y Gregorio.

No se sabe cuándo, ni en qué momento, quedaron de acuerdo Ofelia y Gregorio para verse a solas, pero, sabiendo el acuerdo realizado entre los dos, se supone que, hasta llegar ese momento, ambos debieron estar pensando en la cita, que sería importante y la mar de proyectos se harían mutuamente.

Como hace bastante tiempo que no se ven Juan y Gregorio, éste, cierto día, mientras llegaba el tiempo previsto para verse con Ofelia, le propone a su amigo, reunirse esa tarde para ponerse al día de sus actividades, siendo Juan quien, después de saludarse cordialmente, le pone al corriente sobre aquel asunto de los sobres verdes que aparecían entre la correspondencia que recibía Gregorio para Beatriz, diciéndole que se olvidase de ello porque el detective amigo suyo le había dicho que todo era cosa de Beatriz. Por su parte, Gregorio, de lo primero que quería hablarle, era de su viaje a Málaga. A Gregorio se le notaba eufórico y con ganas de hablar. Comenzó diciéndole la alegría que le dio cuando tuvo ante sus ojos la ciudad de Málaga. Entonces, le vinieron a su memoria muchísimas cosas de aquella época, que, siendo casi un niño, pasó allí unos años de los mejores de su vida. ¿Cómo no recordar el asunto que, desde hace algún tiempo, no le deja dormir como él quisiera? Le habló de la pena que le dio cuando vio que la pequeña tienda de su esposa Lucía había desaparecido. También le contó el haber conocido a Pío, alguien que, después de recordarle casi por casualidad, le hizo un buen servicio al recordarle muchas cosas ya olvidadas. Gregorio siguió relatándole cosas más intranscendentes pero muy importantes para él como, por ejemplo, cosas relacionadas con aquella pandilla de chicas y chicos jóvenes que eran felices.

—¿Y de aquí no me cuentas nada? –le preguntó Juan con mucho interés.

—Si, tengo algo que contarte, –respondió Gregorio.

Como si no supiera por dónde empezar, inició Gregorio por el final de la reunión que tanto interés para él tenía para estar cerca de Ofelia y que tuvieron el grupo de amigos últimamente, para finalizar diciendo:

—Cuando todos nos despedimos, nos encontramos solos Ofelia y yo, y realmente, ninguno acertábamos como empezar a dirigirnos el uno al otro, aunque, enseguida ,los dos nos decidimos a hacerlo.

—Que emocionante debió ser aquel momento, –dijo Juan, con una sonrisa burlona en su cara.

Le hablé de mi viaje a Málaga y, entre los dos, recordamos muchas cosas que, unas veces ella y otras yo, ya no recordábamos. Al final, fuimos a parar a lo que los dos estábamos pensando y como queríamos hacerlo, acordamos en vernos un día y así lo hicimos.

¿Y lo hicisteis?

—Claro que sí, además, lo hemos hecho hace pocos días.

Pasaron algunos instantes en los que ninguno siguiese hablando, siendo Gregorio quien continuó:

—Creo que cuando nos vimos, a los dos se nos debió de notar algo nerviosos, pues nos costó bastante el estar tranquilos. Fui yo quien se decidió a hacerlo, dándole las gracias por su comparecencia.

—Fue en un restaurante muy cercano al puerto donde, a esas horas no suele haber mucho público. Yo, quizás pecando de inquieto por la situación en que nos encontrábamos, lo primero que le dije fue que me gustaría saber cómo fueron sus primeros pasos, después de marcharse de su casa, llevando consigo a su niña. Juan escuchaba con atención el relato que le había hecho Ofelia a Gregorio, el cual, de vez en cuando, daba signos de interrumpir su narración, posiblemente, por la crudeza de alguno de los muchos momentos tan crueles que Ofelia tuvo que pasar.

—Al principio, continuó hablando Gregorio, se dirigió a Sevilla, donde creía ser bien recibida por un hermano de su madre, quien, al estar ya enterado del problema de su sobrina, decidió no recibirla. Esto, le supuso tener que recurrir a una casa de acogida.

—¡Valiente hijo de…! dijo Juan. ¡Cuanto debió sufrir!

—No te lo puedes imaginar-, respondió Gregorio, después de repetir algunas de las frases que pronunció Ofelia cuando me lo contaba a mí. –A los pocos días de estar en la casa de acogida, seguía hablándole Gregorio a su amigo, le dijeron que allí no podía estar más tiempo, aunque ellos le ofrecieron otra casa en Alicante, en la cual podía estar más tiempo, cosa que, al no tener otra alternativa, tuvo que aceptar. Allí recaló con su niña y desde el primer día fueron muy bien acogidas las dos, dando así comienzo una nueva vida.

Al llegar aquí, los dos se quedaron callados, (seguramente, ambos estaban pensando lo mismo).

Ofelia, que, a pesar de que era bien tratada, igualmente ella que su hija, pronto pensó que dar un cambio a su porvenir, para lo cual, hizo las gestiones pertinentes para reiniciar de nuevo sus estudios, que la obligaron a llevar una vida muy problemática entre sus estudios y su hija, teniendo que bajar sus primeras pretensiones de hacer la carrera de medicina por la de enfermería.

—De esa manera, continuó relatando Gregorio, pasó el tiempo necesario para terminar su carrera y buscar un sitio donde trabajar que, en ese aspecto, tuvo suerte y lo encontró enseguida. Con mucho esfuerzo y equilibrio, pasó el tiempo hasta que su niña comenzó a ir al colegio y a partir de ese instante, ya pudo hacer su vida diaria más cómoda.

—¡Qué valiente!, dijo Juan.

Gregorio continuó diciendo a su amigo algunas cosas más, relativas a lo que Ofelia le había contado, aunque lo que era más importante de ella, se lo fue contando poco a poco.

No obstante, cuando Gregorio continuó su charla, se le apreció un cambio en el tono de su voz, haciendo que su relato fuese más lento, lo que obligó a Juan a decirle que sería mejor continuar en otra ocasión.

—No, es mejor que continue ahora que lo recuerdo bien–, y siguió hablando:

—En la clínica donde fue contratada, tuvo una buena acogida y pronto se sintió como una trabajadora más de ese centro. Estaba muy contenta porque parecía que la vida le había dado un cambio, además de que su niña iba muy contenta al colegio.

Gregorio suspiró hondo y continuó:

—No obstante, ella, también tenía algo que no le dejaba vivir con sosiego, pues, al poco tiempo de llegar a la clínica, observó cómo un médico que ya llevaba allí más tiempo que ella y que, desde el principio, le parecía que la trataba con indiferencia, después, cada día era más amable y respetuoso con ella. A Ofelia no le apetecía su presencia y se alegró cuando se marchó a otro hospital. Ella, siguió trabajando allí durante bastante más tiempo, durante el cual tuvo pretendientes, sin que ninguno le gustase por completo (decía que ninguno se parecía a la persona que ella había querido).

—Ofelia, a partir de ese momento, siguió hablando Gregorio, se decidió a hablar más abiertamente y me contó como en su diario trabajo en la clínica, fue notando cómo el doctor Gálvez, viudo y con algunos años más que ella y con un hijo en edad de adolescencia, cada día se mostraba más amable con ella, lo que terminó en una relación aceptada por ella y que, con el paso del tiempo, cristalizó en un matrimonio muy feliz. El doctor cuenta con un buen currículo y también es muy querido por sus pacientes.

Juan se quedó absorto cuando oyó este final, no obstante, y antes de que siguiese hablando éste, Gregorio continuó:

—Creo que la familia de su marido la aceptó con mucho agrado, y todo esto, sin hacer ningún comentario a su situación familiar, (se referiría a su hija), que, desde ahora la vamos a citar por su nombre: Marta, una niña de siete años.

Con esta nueva vida, se fue pasando el tiempo y Ofelia había dado un gran cambio, igual que Marta había llegado a su adolescencia.

De aquella niña que, en los brazos de su madre pasó parte de su primera infancia sin tener un sitio donde cobijarse, ahora, la tenemos acomodada en una buena casa y a salvo de toda clase de necesidades, además de alternar con una buena clase social.

Como Alicante tiene fama de ser una ciudad muy marinera y Marta goza de ser una gran nadadora, está presente en todas las pruebas de su nivel, aunque, también practica el tenis que, al estar conviviendo con Andrés, el hijo del doctor Gálvez y éste, que ya está muy adelantado en este deporte, también recibe algunas lecciones de esta disciplina.

Después del relato que le ha hecho Gregorio a su amigo Juan sobre la situación tan confortable de la que ahora goza Ofelia y su hija Marta, tanto el uno como el otro parecen contentos sobre todo Gregorio que, después de lo que le contó Ofelia cuando se marchó de su casa, ahora, parece que se ha liberado de una gran pesadilla. Dice que, al vivir en ese ambiente, sobre todo su hija Marta podrá hacerse una mujer de los tiempos actuales.

De cualquier manera, lo que más quería don Gregorio era el poder realizar el que algún día pudieran convivir las dos familias. El saber que Ofelia y Marta están viviendo una nueva época, hace que él esté más tranquilo.

No habían pasado muchos días cuando, una noticia bastante desagradable enviada por Beatriz, le hizo retomar el verdadero momento que estaba viviendo. Esta noticia le decía que Ofelia había sufrido un mareo muy grande y está en el hospital en estado muy grave. Esta situación le confunde y no sabe qué hacer. Decide ir al hospital.

Después de salvar varios controles, cuando llega a la habitación donde está Ofelia, una enfermera, situada en la puerta, le prohíbe tajantemente el paso.

Beatriz le informa de que su estado es muy grave y él no deja de interesarse por ella asiduamente. Beatriz no le dice nada a Marta, mas, al pasar algunos días y seguir la gravedad, Beatriz no duda en hacérselo saber a don Gregorio quien decide que, en el momento en el que se produzca su defunción, ella se lo comunique.

A pesar de que ya lo intuía, para Gregorio fue algo que le caló muy hondo. El saber ahora que, si un día llega el poder estar unidas las dos familias, Ofelia ya no estará con nosotros como una más, aunque tampoco estará Lucía.

Este fallecimiento, sirvió para que, don Gregorio se olvidase, aunque fuese por muy poco tiempo, como había transcurrido su vida.

Asume haber sido muy feliz en aquella época de Málaga en compañía de sus amigos, entre los que ya aparece Ofelia aunque entonces no se imaginaba el papel tan importante que iba a representar en su vida. Recordando cuanto estaba ocurriendo en aquella ciudad con su amiga Ofelia, transcurre su paso, durante muchos años, en su profesión de marino mercante, entre los cuales, aparte de casarse con la mujer que más quiso durante toda su vida, y nacer sus tres hijos y, al final, residir una temporada en una residencia para personas mayores. Todo eso, después de haber recorrido casi medio mundo y también perdido a su esposa lucía. Piensa que, ahora se va a liberar de algo que, siempre a llevado en su conciencia desde aquel día que Ofelia le dijo que era padre de una niña. Desde entonces, eso no hizo nada más que rondarle en su cabeza. De cualquier forma, ahora, lo que le preocupa es la unión de sus dos familias.

Sabe que su hija, Marta, está muy integrada en la familia de los Gálvez y en estos momentos es una más de la familia. Sigue con sus competiciones de natación y hoy día es una de las promesas en ese deporte.

A Marta le había contado su madre toda su historia desde que ella nació. No quiso saber nada de su padre y en esa actitud estuvo hasta el fallecimiento de Ofelia. Fue entonces cuando quiso conocer a su padre y por medio de Beatriz lo conoció.

Se puede decir que una de las cosas que le fueron más difíciles de afrontar fue el encontrarse por primera vez un padre y su hija cuando no lo habían hecho antes nunca por motivos familiares. Este es el caso que se le presentó a don Gregorio en el momento de tener que hacerlo. Beatriz se ofreció para presentar a ambos al verse por primera vez.

Un beso nervioso por ambas partes fue lo siguiente después de presentarles Beatriz, la cual les invitó a sentarse frente a frente y acto seguido les dejó solos.

—¿Te puedo tratar como hija?, le preguntó Gregorio.

Un "si" rotundo fue su contestación.

Roto el hielo inicial, fue Gregorio quien abrió el diálogo:

—A lo largo de mi vida, nunca pensé que tendría que enfrentarme a una situación como esta. No sé qué opinión tendrás sobre mi pero yo te juro que jamás supe lo que había pasado después de marcharme de Málaga al no volver por allí.

Marta, cabizbaja, le escuchaba atenta las palabras de Gregorio, aunque, ciertamente, en algún momento, expresando un cierto movimiento de duda con su cabeza. No obstante, don Gregorio intentaba ser lo más agradable posible con ella, sabiendo que, en ese momento, está haciendo algo muy importante en su vida y para su futuro. A Marta también se le notaba que quería decir algo y en un momento que lo creyó oportuno le reprocha diciéndole que no cree que nunca haya tenido tiempo para ocuparse un poco de aquella amiga llamada Ofelia con la cual tuvo una gran amistad. Este "recordatorio" hizo que Gregorio se removiese un poco inquieto en su asiento que tardase unos segundos en decir:

—Hubo unos años en mi vida, durante los cuales, no paré de viajar por el mundo entero. No habíamos acabado de llegar a un sitio, cuando ya estábamos preparando para emprender otra salida. Solamente tuve unos días de vacaciones cuando me casé. Te puedo asegurar que para vernos Lucía y yo cuando éramos novios, era ella quien iba a verme cuando hacíamos alguna escala en un puerto español. Como al casarnos pusimos la casa aquí en Alicante, estuve muchos años sin volver a Málaga.

—Todo eso está muy bien, pero sigo sin entender el que no quisiera volver a saber nada de mi madre. –repitió Marta.

Con esta dialéctica siguió el encuentro, aunque, poco a poco, la tirantez del principio se fue suavizando y finalmente, convinieron en que tendrían más cosas de qué hablar. La sensación que les quedó a los dos después de este primer contacto fue positiva. Ninguno sabría decir por qué pero algo quedó entre los dos que presumía cierta connivencia en ambos casos.

Por su parte, Marta, en cuanto tuvo ocasión, confió a su padre adoptivo, el doctor Gálvez, lo ocurrido en su encuentro con don Gregorio del cual, el doctor, no hizo ningún comentario, después de asumir el relato que le había hecho Marta Lo que no hizo fue, al comentar algo sobre su impresión en cuanto a Gregorio. También a éste le faltó tiempo para contar a su hija Margarita la entrevista con Marta.

Ahora, don Gregorio está muy satisfecho con el resultado de su cita con Marta, al haberse visto con ella, además de haber estado muy cerca de ella y haber podido observar su persona, ha estado observándola en otras facetas. La ha visto muy inteligente y muy dispuesta a combatir por algo cuando crea que la razón está de su parte. Ya está pensando en que cuando se vea con ella la próxima vez ya sabrá cómo hablarle. En pocas palabras, que la considera muy inteligente. De todas formas, al estar los dos de acuerdo, también para verse de nuevo llega el momento de hacerlo.

Beatriz es quien se encargó de ponerlos de acuerdo y, en el mismo sitio que la vez anterior se volvieron a ver.

Esta vez se observa cierta connivencia al recibirse con un beso de amistad por ambas partes.

—Me alegro mucho volver a estar otra vez contigo- fueron las primeras palabras que dijo don Gregorio muy sonriente.

—Gracias–, contestó Marta.

Lo que quiero que sepas es que desde que supe de tu existencia, no he dejado de interesarme por ti. Créeme, que sentí, y sigo sintiendo, todo lo que pasasteis tu madre y tú en aquellos primeros momentos, de lo cual me siento culpable.

Un tanto emocionada se la veía a Marta que contestó con un severo muchas gracias.

Con el ambiente más cálido, continuó la entrevista que se desarrolló hablando de diversos temas, hasta terminar dándose un cálido beso y quedan en verse más adelante. Los dos se marcharon contentos y cada uno lo puso en conocimiento de sus más allegados, que no podían ser otros que Margarita por parte de Gregorio y el doctor Gálvez por Marta.

Es de suponer la alegría que tendría don Gregorio al ver la buena disposición que le había demostrado Marta para consolidar una amistad como la que a él le gustaría. Seguro que ya se está haciendo ilusiones sobre los eventos en los que puedan estar juntos.

Como de todo lo que está pasando le tiene informada a su hija, con bastante frecuencia charlan los dos de este tema. Margarita ve en su padre la alegría que interiormente le invade. Ella, se ha encargado de poner a sus hermanos al corriente de todas las novedades que hay sobre este asunto, los cuales se limitan a decir que respetan la voluntad de su padre, por lo que todo queda pendiente para cuando se reúnan todos.

Con este requisito hecho, había visto realizada una de sus ilusiones viendo como Marta, su hija, iniciaba una nueva andadura en su vida. Es verdad que siempre había soñado que el "tropiezo" de aquella tarde con su madre, le tenía siempre con ese sentimiento grande de culpabilidad, por lo que, a partir de ahora, intentará olvidar y que sea un paréntesis en blanco en el devenir de su vida. De momento, siente una satisfacción interior que le hace ser más amable.

No ha dejado de darle la noticia a su amigo Juan en la residencia con el que también comenta que todo acabará el día que vea a las dos familias unidas, aunque ahora, lo que más le agrada es la comunicación que tiene con Marta, la cual, le tiene al corriente de todo cuanto acontece en su devenir, ya que, en este aspecto, sabe que, desde que era muy pequeña y convivir diariamente con el doctor Gálvez y su hijo Andrés que, como ya sabemos, era una promesa en el deporte del tenis, convirtiéndose en el profesor de Marta en esa especialidad, hoy día forman una pareja inseparable dedicada a esta profesión y haciendo de empresarios en muchas ocasiones. De esta convivencia, también fue naciendo entre ellos un primer amor que, poco a poco, fue creciendo sin darse cuenta, hasta convertirse en algo muy querido por los dos.

Don Gregorio sabe que el amor que se profesan Marta y Andrés, puede ser definitivo o no, por lo que, en este aspecto, es muy comedido y, aunque le gusta estar enterado de todos sus proyectos y demás actividades, siempre lo hace de una manera discreta.

De esta manera, la relación entre don Gregorio y Marta cada día es más cordial y es evidente la ilusión que se ve en Marta cuando habla de este tema, hasta que, quizás el día que menos lo esperaba, recibe la noticia de que Marta y Andrés han comenzado los preparativos para su enlace matrimonial. Sin duda, él se alegra, sin embargo, también piensa que aún es muy joven. Por otra parte, no puede evitar que su pensamiento le lleve a recordar a su madre Ofelia, y, de paso, todo lo que él ha sufrido con ese tema.

El enlace se llevó a efecto en la concejalía correspondiente al distrito de su domicilio actuando como padrinos el doctor Gálvez y Margarita, por expreso deseo de don Gregorio.

A pesar de que el acto matrimonial fue realizado por el representante judicial y los contrayentes con sus padrinos, a la salida, les esperaba un buen número de personas entre familiares y amigos que, entre risas y bromas, después de darles la enhorabuena, se dirigieron a un restaurante, donde hubo una gran celebración.

No es necesario decir que, si Marta ya de por si es muy guapa, ese día estaba radiante.

La nueva pareja inició enseguida sus compromisos deportivos, que, una vez concluidos, comenzó una bonita luna de miel.

Para don Gregorio, después de la boda de Marta, también comenzó una etapa muy tranquila, dedicándose, sobre todo, a la lectura, algo que, últimamente, casi había olvidado a causa de su estado anímico, relacionado con el tema de Ofelia, a pesar de ser una de sus aficiones favoritas, sin olvidarse de visitar, de vez en cuando, a Juan y Beatriz.

Cierto día recibe la mejor noticia que podía recibir. Marta va a ser mamá, está embarazada. Es una noticia tan lógica que casi ni se sorprende, pero la alegría que recibe es inmensa. Su cabeza comienza a darle vueltas y su pensamiento se rebela, comenzando a pensar en infinidad de cosas de situaciones pasadas que no puede evitar y que su imaginación se traslade a Málaga y allí revivir aquellos días que eran tan felices, apareciendo Ofelia como el personaje principal. Abundando en esos recuerdos malagueños, no podía faltar el recordar a Lucía, a pesar de que Gregorio no se le pasaba un solo día sin recordar a su mujer. Era imposible olvidar aquellas visitas que ella le hacía a la población española cuando su barco hacía escala en su puerto, como cuando estuvieron unos días solos en Alicante buscando piso para casarse, aunque los mejores recuerdos son los de su luna de miel, aparte del crucero realizado por varios puertos europeos en los primeros días de su matrimonio, gozando de la intimidad que antes no habían tenido.

Recuerda cómo fueron viniendo al mundo sus hijos. Primero lo hizo Manuel, al que le siguieron

Julio y Margarita, sin que, ahora, ninguno tenga descendencia, y él, siguiendo con su trabajo mercante hasta su jubilación e ingreso en una residencia, cosa que se prometió, él mismo el día que falleció su mujer, siendo todavía muy joven, víctima de una grave enfermedad. Supuso un gran deterioro para él, por lo que, a partir de ese instante, llevó una vida bastante anodina, hasta pasar a ser un residente en un centro de mayores.

En estos momentos, sin embargo, don Gregorio está pasando una buena temporada, está viendo el estado que se encuentra Marta y que le digan si va a ser abuelo de niño o niña. Está impaciente, pero como todo llega, también esto lo hace y un buen día, Marta le da la noticia de que va a tener una nieta.

Es comprensible la alegría con que invade a don Gregorio la noticia. Lo primero que hace es dar la noticia a Margarita, viendo como lo primero que le ocurre es ver como de sus ojos brotan dos lágrimas que, enseguida, trata de enjugar. Un fuerte abrazo fundió a padre e hija que, de inmediato, se pusieron a hacer proyectos para la futura criatura.

Desbordada la alegría de don Gregorio, a éste, le faltaba tiempo para dar la noticia a todas sus amistades. Fue su amigo Juan, quien, al recibir la noticia, y después de darle un abrazo, le dijo que ahora estaría muy contento, porque la llegada de esa niña serviría para alejar de su pensamiento lo acaecido con Ofelia y las repercusiones que había tenido. La respuesta de Gregorio no se hizo esperar y contestó:

—Si, querido Juan, pienso que, la llegada de la niña, supondrá curar ciertas heridas que aún tengo pendientes dentro de mí. Ojalá todo termine bien y consideraré pagada una buena parte de mi deuda con Marta, aunque no será pagada totalmente hasta que yo vea a las dos familias unidas. Éstas, más otras consideraciones de don Gregorio, sirvieron para que su visita a Juan, fuese bastante extensa. Al marcharse, se dieron un abrazo y ambos se desearon volver a verse pronto.

Felizmente para Marta, todo en ella se iba desarrollando con normalidad y ello equivalía a que don Gregorio cada vez se sintiese más cerca de ver conseguido su deseo, no obstante, aún no había hablado con sus hijos, Manuel y Julio, abiertamente, de la situación en que se encontraba con Marta. Su deseo, era reunir a las dos familias unidas y ahora habría que unir un miembro más cuando llegase ese momento, lo que propiciaría que su padre hubiese hablado con ellos claramente de ese tema. Eso fue lo que hizo y enseguida estuvieron de acuerdo.

Todo le sonreía a don Gregorio, sabiendo que ya no habría inconveniente alguno para su gran reto, y ahora solo valía esperar a que fuese pasando el tiempo. Sin embargo, no lo aparenta, ya que sus nervios están a flor de piel. No obstante, intenta hacer una vida normal y siguiendo su costumbre de madrugar e ir a dar un paseo, un día, antes de llegar a su banco del paseo marítimo, vio como en la misma playa había un chaval joven jugando con una mascota pequeña que entraba y salía del agua con una alegría que no tuvo más remedio que pensar en su futura nieta y verla en su imaginación jugando muy contenta. Ahora, don Gregorio, todo lo que ve y le gusta, lo quiere para su futura nieta.

Este agradable recuerdo sirvió para que, sin saber por qué, recordara a su amigo Juan y se dijo que tenía que ir algún día a verle, lo que contribuyó para que su pensamiento recordara por un momento, esa casa y a sus residentes.

Ese día, al volver a su casa, lo hizo pasando primero por el bar aquel donde, sin pensarlo, se encontró con su antigua amiga de Málaga. Después de tomarse el café, tranquilamente se marchó a casa.

Don Gregorio, después de tener, prácticamente listos, todos los problemas que pudiera tener para conseguir la gran ilusión, su vida era monótona y un poco aburrida, dedicando su tiempo de diversas formas, entre las que se encontraba el visitar, de vez en cuando, a sus amigos, Juan y Beatriz.

El encontrarse con Juan, siempre constituía una gran alegría para los dos, en la que ponían al día las novedades habidas desde su último encuentro. En cuanto a Beatriz, aprovechó una de sus visitas para ponerle al corriente de su situación actual con Beatriz, haciéndole ver que, ésta, parecía que quería tener una amistad con él, de algo más fuerte que de amigos, lo que le ponía en una situación muy incómoda con respecto a su hija.

En el relato que le hizo Gregorio, se dio cuenta del "bache" que estaba pasando, pensando que debía ayudarle.

Juan quedó enterado de toda la historia y por ello decidió comenzar hablándole algo de su esposa Lucía y el gran amor que existió entre los dos durante todos los años que vivieron juntos y diciéndole que como era posible que ya lo hubiese olvidado. Le recordó alguna de las cosas que él mismo le había contado de cuando, ya jubilado, les gustaba hacer algún viaje, visitando incluso, países extranjeros.

Estas reflexiones, debieron hacer pensar a Gregorio porque, desde aquel día, las visitas a Beatriz, fueron muy espaciadas.

Aparte de esto, don Gregorio seguía muy ilusionado con el momento que estaba viviendo Marta, con la cual hablaba muy a menudo. También lo hacía con sus hijos, los cuales ya estaban haciendo sus cálculos para que, cuando haya nacido la criatura ponerse de acuerdo y reunirse todos para celebrarlo las dos familias unidas.

Llegó el momento tan esperado por todos y Marta fue ingresada en un hospital donde fue atendida enseguida, viniendo al mundo, al siguiente día, María. La noticia corrió como la pólvora entre la familia y sus amistades más cercanas.

Por fin, don Gregorio había visto hecha realidad una de las ilusiones más grandes de su vida.

Era el momento de sentirse satisfecho con uno mismo.

Desde que aquel día que Ofelia le dijo que tenía una hija, producto de aquella tarde "tan bonita" que pasaron juntos en su casa, no ha dejado de pensar en ello y más después de las consecuencias que se produjeron. Desde aquel instante, una carga de culpabilidad no ha dejado de castigarle en todo su ser. Una lucha constante para deshacerse de ello, le ha seguido como si fuese su sombra. El imponerse el intento de conseguir la unión de las dos familias le ha marcado estos últimos años. Sabe que esa niña es su nieta y que va a ser quien tenga un papel muy importante en la unión de las dos familias.

Una de las personas a las que Gregorio ha dado la noticia de ser abuelo es a Beatriz. Ésta, que sabe lo ilusionado que estaba Gregorio con que llegase ese momento, le da la enhorabuena y, al mismo tiempo, le dice que no por ser ahora abuelo, va a dejar de visitarla, lo que da lugar a una amplia sonrisa en los dos.

No cabe duda de que el nacimiento de María fue un revulsivo para toda la familia y un sinfín de comentarios en la red de amistades de la familia Gálvez, siendo muy bien valorados los problemas que tuvo que afrontar Ofelia en aquellos primeros momentos. Más, todo eso es secundario comparado con el impacto que causó en los hijos de don Gregorio. Para los tres hermanos, la llegada de María ha supuesto un cambio en sus vidas, pues, aunque los varones tienen sus parejas, ninguno tiene descendencia, por lo que la llegada de una sobrina, es una novedad para ellos.

Sabemos que, todos los años, don Gregorio y sus hijos se reúnen algunos días durante la Navidad y en esta ocasión, será una celebración especial.

Eligiendo el día y el momento oportuno, decidieron un día entre Navidad y Año Nuevo y un céntrico restaurante de mucha categoría. De todos los detalles se encargó don Gregorio y el evento resultó un completo éxito. Desde el doctor Gálvez hasta la recién llegada, todos gozaron de unos momentos inolvidables, aunque el mejor fue cuando hizo su aparición Marta con la niña en sus brazos recibida con una clamorosa ovación. En los postres, le llegó el momento más esperado por el abuelo Gregorio para, dirigiéndose a los comensales, decir:

—No puedo creerme que haya llegado este momento. Era tanta la ilusión que yo tenía en ver hecha realidad esta reunión familiar. Gracias a todos por estar aquí.

Después, miró a Marta, que estaba a su lado, con la niña en sus brazos y mirando también a su nieta continuó: –María, siéntete muy orgullosa de haber unido a tus dos familias en el primer acto de tu vida–.

Don Gregorio, silenció un instante sus palabras y, como queriendo escoger las palabras suficientes para continuar, así lo hizo:

—Dice un refrán que "el fin justifica los medios", y eso es lo que, en estos momentos, podemos decir todos los que estamos aquí. Creo que todos debemos felicitarnos con mucha alegría por tener con nosotros esta criatura que, sin duda, marcará el inicio de la unión de dos familias.

Estas palabras fueron muy aplaudidas por todos los asistentes a esa importante reunión, que, a su vez, dieron paso a las del doctor Gálvez que lo hizo de esta manera:

—Hago mías las palabras que acaba de dirigirnos Gregorio. Hoy es un día muy especial para todos los que aquí nos encontramos y que esta unión que se ha realizado sea definitiva.

Por fin, aquello por lo que tanto había luchado don Gregorio, era una realidad.

Su cara reflejaba una enorme satisfacción que se hacía extensible al resto de los allí reunidos.

De esta manera quedaba consolidada la unión por la que tanto había luchado don Gregorio, lo que le trajo consigo quitarse esa pesadilla que tanto le preocupaba.

Lo ocurrido, había que hacérselo saber a las personas más allegadas a las dos familias que se habían unido y don Gregorio no podía dejar de hacerlo, en primer lugar, a su amigo Juan y por supuesto, a Beatriz. Ambos le felicitaron muy efusivamente, animándole a que, a partir de ese momento, no le valdría ninguna excusa para no reunirse con ellos cuando se lo propusieran.

Desde que se ha llevado a cabo la unión familiar, al parecer, los cuatro hermanos han hecho una buena amistad y hasta que llegue el momento de marcharse cada uno a su sitio de residencia habitual, se ven todos los días con su nueva hermana. Don Gregorio, que ve la buena relación existente entre los cuatro hermanos, decide llevar a cabo algo que viene madurando desde hace mucho tiempo. Duda en tomar una decisión definitiva. Tiene momentos que ve claramente cuál es el mejor camino a tomar y lo da por decidido. No obstante, como quiere reunirse con sus cuatro hijos antes de que Manuel y Julio se marchen a sus domicilios normales, decide hacerlo y ese es el momento más oportuno.

El día de despedirse ha llegado y el momento también. Don Gregorio ha pasado el almuerzo muy dicharachero y contento, más cuando llega el instante elegido por él, hace una pequeña indicación con su mano derecha y, al instante, todos, en silencio, se disponen a escuchar a su padre, que les habla así:

—Quiero que sepáis que, después de pensarlo mucho y una vez conseguido aquello por lo que tanto me esforcé, he decidido volver, de nuevo, a la residencia donde ya estuve antes. Creo que allí estaré bien y vosotros tendréis que preocuparos menos de mi.

A pesar de que sus hijos trataron de convencerle para que desistiera de ello, no fue posible. El regreso de don Gregorio a la residencia, prácticamente se puede decir que fue bien recibida con alegría por toda la comunidad y de una forma muy especial por su amigo Juan, que, de nuevo, volvía a tener alguien con quien hablar.

EPÍLOGO

Después de saber lo ocurrido en la anterior narración, ahora, al terminar ésta, nos puede parecer que todo sigue igual que al principio. No es así.

Don Gregorio, durante el tiempo que ha estado fuera de la residencia, ha sufrido mucho al enterarse del problema que dejó en Málaga cuando se marchó de allí por lo que, su semblante, ha cambiado bastante, dando la sensación de llevar dentro de sí mismo una gran tranquilidad al ver resuelta su gran ilusión.

A Beatriz, se le nota el cambio que ha sufrido; la ilusión que tenía pensando en que, al final, su amistad con don Gregorio sería mayor que la de un simple amigo, pero como esto no ha sido así y además ya tiene un nuevo administrador, ha vuelto a afianzar su amistad con las amigas de siempre, volviendo a visitar aquel baile de los jueves donde conoció a don Gregorio.

A quien más le ha cambiado la vida es a Marta que, pendiente de su niña, de momento, ha suspendido sus actividades deportivas. Sin embargo, ahora, hay algo que le encanta, como es, el llevar a su niña a que la conozcan sus amistades, y sobre todo ir donde su hermana Margarita, porque, además, también se reúne con ellas don Gregorio, disfrutando los tres de la compañía de María.

En cuanto a Manuel y Julio, agotados sus días de vacaciones, cada uno se marchó a su distinto domicilio.

FIN